Adieu, tétine !

Aline de Pétigny
Illustrations : Clara Suetens

CHANTECLER

Depuis longtemps déjà, Corentin vivait avec sa tétine. Il s'endormait avec elle, se réveillait avec elle, se promenait avec elle.

Jamais il ne la quittait, sauf pour manger
bien sûr !

Deux fois déjà, il avait cru la perdre mais maman l'avait retrouvée.

Ce matin-là, comme tous les matins après avoir déjeuné, Corentin glissa sa petite main dans la poche de son pyjama pour prendre sa tétine.

Mais il avait beau fouiller et refouiller, il ne trouvait rien, rien sauf un petit trou tout au fond de la poche de son joli pyjama rose et bleu.

« Maman ! Maman ! Viens vite ! »

« Qu'y a-t-il, mon amour ? »

« Ma tétine ! J'ai perdu ma tétine ! » s'écria Corentin les larmes aux yeux.

« Ne t'inquiète pas, nous allons la retrouver. »

Maman la chercha partout, sous les chaises, sous le lit, dans les placards, sous les fauteuils, mais rien, pas de tétine.

Corentin la chercha partout aussi, dans sa caisse de jouets, sous ses peluches, sous le tapis, mais rien, pas la moindre tétine à l'horizon.

« Il va falloir vivre sans tétine, mon chéri. »
« Mais comment je vais faire ? demanda Corentin, désolé. Jamais je n'y arriverai. »

« Mais si, tu vas voir, c'est facile ! le rassura maman. Tu n'as qu'à chanter ou bien te raconter des histoires ou alors compter tes dents avec ta langue. »

La première heure sans la tétine fut très, très difficile. Il ne se passait pas une minute sans que Corentin y pense. Sans cesse, des larmes perlaient à ses yeux. Il avait beau mettre son pouce dans la bouche, ce n'était pas pareil.

Il eut soudain une idée. Il avait quelques copains qui n'avaient pas de tétine mais un mouchoir ou un bout de tissu.
« Je vais essayer ! » se dit-il, tout content d'avoir trouvé une solution. Il essaya donc avec un mouchoir, comme sa copine Sylvia, mais ce n'était pas mieux que le pouce.

« Peut-être que mon mouchoir n'est pas assez grand, pensa-t-il. Je vais en prendre un à papa. »

Il courut alors vers l'armoire, grimpa sur une chaise et prit le plus grand des mouchoirs.

Après un ou deux essais, il dut se rendre à l'évidence. Ce n'était pas tellement mieux.

« Peut-être que le mouchoir de papa n'est pas assez grand, pensa-t-il. Je vais prendre un torchon. »

Il fila dans la cuisine, ouvrit un tiroir et, hop, prit le plus grand des torchons.

Mais, là encore, ce n'était pas génial.

« Peut-être que le torchon n'est pas assez grand, je vais prendre mon drap. »
Il se précipita vers son lit, tira le drap, choisit le plus joli coin et le mit dans sa bouche.

« C'est nul ! se dit Corentin après quelques minutes. Et, en plus, ça prend de la place ! »

Il laissa donc là les mouchoirs, le torchon et le drap et réfléchit à ce que sa maman lui avait dit.
« Je vais essayer. »

Il s'assit alors devant son puzzle et se mit à chanter.

Et, pendant quelques minutes, Corentin ne pensa plus du tout à sa tétine.

« On dirait que ça marche ! » murmura-t-il.

Et hop ! Il entama une deuxième chanson, puis une troisième et une quatrième.

« Je ne peux pas chanter tout le temps ! se dit-il. Maintenant, je vais me raconter des histoires. »

Et Corentin se raconta des histoires. Des histoires de sorcières, de dragons, de princesses ! Toutes les histoires qu'il connaissait et toutes celles qu'il ne connaissait pas.

« Je ne peux pas tout le temps me raconter des histoires, se dit-il. Maintenant, je vais compter mes dents avec ma langue. »

Et Corentin, tout en jouant, compta ses dents. Puis, sans s'en rendre compte, continua à jouer.

Il empila des cubes, fit des galipettes avec ses nounours, joua aux petites voitures.

« Corentin ! À table, mon chéri ! » fit soudain maman.

« Déjà ! » fit Corentin tout étonné.

« C'est... Oh ! Ma tétine ! » s'écria-t-il en apercevant sa chère tétine coincée derrière une porte.

Il se précipita, la ramassa et allait la mettre dans sa bouche quand, tout d'un coup, il s'arrêta.

« Je suis grand, maintenant ! Je peux chanter, me raconter des histoires et compter mes dents ! Finis la tétine, le pouce, les mouchoirs, les torchons et les draps ! Je peux rigoler, chanter, faire des bisous ! Ma tétine ne tombera plus ! »

Et hop ! Corentin le grand
jeta sa tétine à la poubelle.

Fin